ΟΙ ΔΙΚΕΣ ΜΑΓΙΣΣΩΝ ΤΟΥ ΣΑΛΕΜ

- **Πότε συνέβη;** Το 1692.

- **Πού**: Σάλεμ, Μασαχουσέτη, Νέα Αγγλία.

- **Πλαίσιο;** Αμερικανική αποικιακή ιστορία.

- **Οι πρωταγωνιστές;** Οι κάτοικοι του χωριού Σάλεμ και των περιχώρων του.

- **Επιπτώσεις;**

  - Η καταδίκη σε θάνατο 19 ατόμων, ο θάνατος άλλων οκτώ και η φυλάκιση περισσότερων από 150 υπόπτων.

  - Η παρακμή της πουριτανικής επιρροής στην πολιτική.

  - Η απαγόρευση των κατηγοριών για μαγεία στη Νέα Αγγλία.

[e]Τον 18ο αιώνα, η Μασαχουσέτη ήταν μια ευημερούσα αποικία και καταφύγιο για τους πουριτανούς που διέφευγαν από τις διώξεις στην Αγγλία. Συνεχώς παρενοχλούμενοι από τους Γάλλους και τους Ινδιάνους, οι Άγγλοι έποικοι ίδρυσαν ωστόσο ακμάζουσες πόλεις, όπως το Σάλεμ, όχι μακριά από τη Βοστώνη. Αλλά αυτές οι συνεχείς συγκρούσεις δημιούργησαν ένα κλίμα ανησυχίας. Σε τέτοιο βαθμό, ώστε τον Ιανουάριο του 1692, οι συνηθισμένες υστερικές κρίσεις προκάλεσαν μια πρωτοφανή ψύχωση στον πληθυσμό του χωριού Σάλεμ. Αρκετά παιδιά παρουσίασαν παράξενα συμπτώματα: η κόρη και η ανιψιά του αιδεσιμότατου Πάρις έμοιαζαν να έχουν καταληφθεί από δαίμονες. Όταν ερωτώνται, τα κορίτσια

ΟΙ ΔΙΚΕΣ ΜΑΓΙΣΣΩΝ ΤΟΥ ΣΑΛΕΜ

Δαιμονολογία και μαζική υστερία στη Μασαχουσέτη

ΟΙ ΔΙΚΕΣ ΜΑΓΙΣΣΩΝ ΤΟΥ ΣΑΛΕΜ

Δαιμονολογία και μαζική υστερία στη Μασαχουσέτη

γραμμένο από Jonathan Duhoux
μεταφρασμένο από Lina Sideris

δίνουν τα ονόματα διαφόρων μαγισσών. Η μία από αυτές, η σκλάβα των δύο κοριτσιών, ομολογεί γρήγορα στους δικαστές και ομολογεί ότι είχε συνάψει συμφωνία με τον διάβολο, ο οποίος έκτοτε την ανάγκαζε να βασανίζει τις νεαρές ερωμένες της. Ισχυρίζεται επίσης ότι υπάρχουν πολλές, πολλές άλλες μάγισσες. Οι κάτοικοι είναι φοβισμένοι και όλοι πιστεύουν ότι ο Σατανάς προσπαθεί να καταστρέψει τη νέα γη των Πουριτανών. Οι δικαστές ήταν αμείλικτοι στην καταδίωξη της μαγείας, φυλακίζοντας πάνω από 150 κατηγορούμενους, 19 από τους οποίους απαγχονίστηκαν.

Αν και επρόκειτο για ένα περιορισμένο γεγονός, το θέμα έγινε πολύ γρήγορα μέρος της συλλογικής φαντασίας και συνεχίζει να αφήνει το στίγμα του τρεις αιώνες αργότερα.

ΠΛΑΙΣΙΟ

ΜΑΓΙΣΣΕΣ, ΤΑ ΔΕΥΤΕΡΟΛΕΠΤΑ ΤΟΥ ΣΑΤΑΝΑ

Οι μάγισσες έπαιζαν πάντα σημαντικό ρόλο στη φαντασία. Αν και συχνά περιγράφονται ως ακίνδυνες, ακόμη και ως έχουσες θεραπευτικές δυνάμεις ή ως οριακές, κυνηγιούνται από την αυγή του χρόνου. Στην Παλαιά Διαθήκη, η μαγεία θεωρείται βδέλυγμα και "θα τιμωρηθεί με θάνατο..." (Λευιτικό 20:27), αλλά η μορφή του Σατανά δεν αναφέρεται σχεδόν ποτέ. Η Καινή Διαθήκη ακολουθεί την ίδια γραμμή και επίσης καταδικάζει όλες τις μαγικές πρακτικές.

Η εικόνα του διαβόλου ως αντίπαλου δέους του Θεού και πρίγκιπα του σκότους δημιουργήθηκε από τους χριστιανούς. Ο Κακός διαστρέφει τους αδύναμους, διαφθείρει τις ψυχές τους και αποτελεί υλική απειλή για την πνευματική σφαίρα. Αν η πίστη του χριστιανού παραπαίει, ο Σατανάς μπορεί να τον παραπλανήσει με την κακία του και να τον οδηγήσει στην κόλαση. Κατά τους πρώτους αιώνες του Μεσαίωνα, ωστόσο, η Εκκλησία περιορίστηκε σε θεωρητικές σκέψεις και απέρριψε τις αποδείξεις για τη μαγεία ως παραμύθια.

Μετά το τραγικό επεισόδιο του Μαύρου Θανάτου (1346-1352) που αποδεκάτισε την Ευρώπη, σκοτώνοντας σχεδόν 25 εκατομμύρια ανθρώπους, οι βεβαιότητες και οι πεποιθήσεις αμφισβητήθηκαν. Εν μέσω αυτής της γενικής κακοδαιμονίας, η Ιερά Εξέταση επινόησε τον σατανισμό ως μια οργανωμένη λατρεία εχθρική προς τον Θεό. Η Εκκλησία ανακάτευε με ευθυκρισία τις έννοιες της μαγείας και της αίρεσης, γεγονός που της επέτρεπε να κρίνει κάθε παραβίαση της πίστης ως διαστροφή του Κακού. Για τους ιεροεξεταστές, η μαγεία αφορούσε κυρίως τις γυναίκες, οι οποίες θεωρούνταν πιο αδύναμες και πιο επιρρεπείς στην υποβολή και τα πάθη. Όλα αυτά τα στοιχεία συμβάλλουν στο να γίνουν θύματα που παραδίδουν πιο εύκολα την ψυχή τους στο διάβολο. Ταυτόχρονα, οι θεολόγοι δημιούργησαν πλούσια δαιμονολογική βιβλιογραφία, μία από τις πιο διάσημες από τις οποίες ήταν το *Malleus Maleficarum* (*"Το σφυρί των μαγισσών"*) που εκδόθηκε το 1487, το οποίο παρείχε όλες τις απαραίτητες πληροφορίες για την ανίχνευση των μαγισσών και την εξόντωσή τους.

 ΑΝΤΙΜΕΤΩΠΙΣΗ ΤΗΣ ΑΙΡΕΣΗΣ

Η Ιερά Εξέταση είναι ένα εκκλησιαστικό δικαστήριο υπεύθυνο για το κυνήγι των αιρετικών της καθολικής πίστης. Δημιουργήθηκε τον XII[e] αιώνα και θεσμοθετήθηκε πλήρως με την IV[e] Σύνοδο του Λατερανού (1215), η οποία περιέγραψε λεπτομερώς τις διαδικασίες που έπρεπε να ακολουθηθούν. Οι ποινές κυμαίνονταν από λίγες προσευχές έως τη θανατική ποινή, ανάλογα με τη σοβαρότητα του αδικήματος που διαπράχθηκε και τα αποδεικτικά στοιχεία της ενοχής. Αν και η Ιερά Εξέταση χρησιμοποιούσε τακτικά βασανιστήρια, η φήμη της αμαυρώθηκε κυρίως από τους αντιπάλους της Ρωμαιοκαθολικής Εκκλησίας. [ee]Πολύ λιγότερο βίαιοι από ό,τι στους θρύλους, οι ιεροεξεταστές ήταν πιο επιεικείς με τις μάγισσες από ό,τι τα πολιτικά δικαστήρια τον 17ο και 18ο αιώνα.

Στη συλλογική φαντασία, οι μάγισσες συγκεντρώνονται στα δάση για να πάρουν μέρος σε σαββατιάτικα δρώμενα, στα οποία λαμβάνουν χώρα τεράστια όργια και τερατογενέσεις κάθε είδους: λέγεται ότι χρησιμοποιούν λιωμένη σάρκα για να παρασκευάσουν σατανικά παρασκευάσματα, ότι ζευγαρώνουν με τον Σατανά για να παράγουν δαιμονικό γόνο και ότι είναι ικανές να κάνουν ξόρκια με μια απλή ματιά. Αντιμέτωποι με έναν τέτοιο εχθρό, οι δαιμονολόγοι υποστηρίζουν τη βίαιη καταστολή. Κάτω από τον καταναγκασμό των βασανιστηρίων, χιλιάδες γυναίκες καταλήγουν να ομολογούν όλα όσα τους υποδεικνύουν οι βασανιστές τους, προκειμένου να σταματήσουν το μαρτύριό τους.

Μέχρι το τέλος ΤΟΥ 18ΟΥ ΑΙΩΝΑ[e] οι δίκες για μαγεία γίνονταν όλο και λιγότερο συνηθισμένες στην Ευρώπη, και το κάψιμο στην πυρά εξαφανίστηκε εντελώς τον επόμενο αιώνα, καθώς ο Διαφωτισμός διαφώτισε τους ανθρώπους. Αλλά στην Αμερική, οι Ευρωπαίοι άποικοι ήρθαν αντιμέτωποι με έναν νέο, μυστηριώδη και εχθρικό κόσμο, ο οποίος επανέφερε τους φόβους των προγόνων τους.

ΑΜΕΡΙΚΗ, ΧΩΡΑ ΤΩΝ ΑΙΡΕΣΕΩΝ

Από τα τέλη του 17ΟΥ ΑΙΩΝΑ[e] , η Αγγλία ξεκίνησε να κατακτήσει τον κόσμο αποικίζοντας νέα εδάφη. [e]Για να το πετύχει αυτό, βασίστηκε σε έναν ισχυρό στόλο, το Βασιλικό Ναυτικό (που έγινε Βασιλικό Ναυτικό το 1660), το οποίο διεκδίκησε την κυριαρχία του καθ' όλη τη διάρκεια του 18ΟΥ αιώνα.

Επί βασιλείας του Ιάκωβου Α'[er] (1566-1625), βασιλιά της Αγγλίας από το 1603, οι Βρετανοί άρχισαν την κατάκτηση της Αμερικής με στόχο την ενίσχυση της οικονομίας μέσω της αύξησης του πληθυσμού. Επομένως, η αύξηση του πληθυσμού έγινε προτεραιότητα και οι Άγγλοι ίδρυσαν 13 οικισμούς κατά μήκος της ανατολικής ακτής.

Τα πληθυσμιακά στοιχεία εξακολουθούν να είναι μάλλον ανακριβή λόγω της έλλειψης απογραφών. Μεταξύ των αγγλικών αποικιών, η Μασαχουσέτη γνώρισε μια ιδιαίτερα σημαντική δημογραφική επέκταση. Με μόλις μισή χιλιάδα εποίκων το 1630, ο πληθυσμός ξεπέρασε τις 50.000 ψυχές στα τέλη του 18ΟΥ ΑΙΩΝΑ[e]. Οι πόλεις της Βοστώνης και του Σάλεμ, οι οποίες ήταν ιδιαίτερα ευημερούσες, προσέλκυσαν πολλές οικογένειες μεταναστών.

Στη Νέα Αγγλία, η έμφαση δόθηκε στον ευαγγελισμό των ιθαγενών, όπως καταδεικνύεται από το καταστατικό της Εταιρείας του Κόλπου της Μασαχουσέτης: "Ο κύριος σκοπός του οικισμού [είναι] να κερδίσει και να παρακινήσει τους ιθαγενείς της χώρας στη γνώση και την υπακοή του ενός αληθινού Θεού και Σωτήρα της ανθρωπότητας και της χριστιανικής πίστης". (Παρατίθεται στο BERNAND (Carmen) και Gruzinski (Serge), *Histoire du nouveau monde*, τόμος 2, Παρίσι, Fayard, 1993, σ. 611).

Ενώ οι περισσότεροι ιθαγενείς Αμερικανοί αρχικά καλωσόρισαν τους εποίκους και οι Πουριτανοί έμαθαν να καλλιεργούν τα τοπικά προϊόντα, κάποιοι από αυτούς φάνηκε να γοητεύονται από τους ιθαγενείς και τελικά παραβίασαν τους νόμους και αρνήθηκαν τον Θεό. Αντιλαμβανόμενοι αυτό, οι πουριτανικοί ιεροκήρυκες ριζοσπαστικοποίησαν τους λόγους τους και παρουσίασαν τους ιθαγενείς ως αμαρτωλούς ή ακόμη και ως μια σατανική φυλή που στάλθηκε από τον Κακό για να εμποδίσει τον Χριστιανισμό να ριζώσει σε αυτές τις νεοαποικισμένες χώρες. Ως αποτέλεσμα, οι έποικοι που είχαν προσαρμοστεί στον πολιτισμό των ιθαγενών αποξενώθηκαν από αυτόν και οι συγκρούσεις μεταξύ των δύο πολιτισμών αυξήθηκαν. Οι Ινδιάνοι έχασαν πολλούς από τους ανθρώπους τους στη μάχη, αλλά και ως αποτέλεσμα ασθενειών που έφεραν οι άποικοι και στις οποίες δεν είχαν ανοσία.

Επιπλέον, υπήρχε ένας άλλος εχθρός, οι Γάλλοι, που είχαν βάλει στο μάτι τα εδάφη των αγγλικών αποικιών. Συχνά συμμαχώντας με ινδιάνικες φυλές, έκαναν τη ζωή των Άγγλων αποίκων δύσκολη.

ΣΑΛΕΜ, ΠΟΥΡΙΤΑΝΙΚΟ ΚΑΤΑΦΥΓΙΟ

Στα τέλη του 17ου αιώνα, οι Πουριτανοί καταδιώχθηκαν στην Αγγλία. Η βασίλισσα Ελισάβετ Α᾽ʳᵉ (1533-1603) και οι διάδοχοί της δεν εκτίμησαν τις απαιτήσεις αυτού του καλβινιστικού κινήματος, τα μέλη του οποίου ήθελαν να εκκαθαρίσουν την Αγγλία από τους καθολικούς και φιλοδοξούσαν να καταλάβουν την εξουσία για να επιβάλουν το όραμά τους στην κοινωνία. Διωγμένοι, οι Πουριτανοί κατέφυγαν μαζικά στη Μασαχουσέτη, μια νέα χώρα που τους επέτρεψε να διαμορφώσουν έναν κόσμο σύμφωνα με τα ιδανικά τους.

Μετά τη δημιουργία του Πλίμουθ, μια μικρή ομάδα πουριτανών εποίκων ίδρυσε το Σάλεμ το 1628 στις ακτές του Κόλπου της Μασαχουσέτης, όπου η γη ήταν εύφορη. Το καταστατικό της Εταιρείας του Κόλπου της Μασαχουσέτης, που διαπραγματεύτηκε επιδέξια με τον βασιλιά, τους επέτρεψε να είναι ουσιαστικά ανεξάρτητοι από την Αγγλία. Για να τους επιτραπεί να εγκατασταθούν εκεί, οι έποικοι έπρεπε να υπογράψουν συμβόλαιο που όριζε ότι θα υπάκουαν στις πουριτανικές επιταγές: να πιστεύουν στον ένα και μοναδικό αληθινό Θεό, να εργάζονται σκληρά, να είναι αυστηροί και πειθαρχημένοι και να υπερασπίζονται την ελευθερία. Με μια ισχυρή εργασιακή ηθική και την αίσθηση της λιτότητας στο προσκήνιο, τα εξωτερικά σημάδια του πλούτου θεωρούνταν ως αντανάκλαση της προσωπικής αξίας και της θεϊκής έγκρισης.

⊙ ΠΟΛΛΕΣ ΠΡΟΚΑΤΑΣΚΕΥΑΣΜΕΝΕΣ ΙΔΕΕΣ

Αν και οι Πουριτανοί ήταν πράγματι αυστηροί και αυστηροί, υπάρχουν πολλές παρανοήσεις γι' αυτούς. Οι Πουριτανοί δεν διάγουν μοναστική ζωή, αν και κηρύττουν τη μετριοπάθεια. Δεν απορρίπτουν τις σεξουαλικές πρακτικές- αντίθετα, ενθαρρύνονται ακόμη και μέσα στο γάμο. Ομοίως, δεν απορρίπτουν την κατανάλωση αλκοόλ, εφόσον αυτή παραμένει λογική. Τέλος, σε αντίθεση με το στερεότυπο που προωθεί το Χόλιγουντ, οι Πουριτανοί δεν ντύνονται στα μαύρα. Οι προκαταλήψεις αυτές είναι τόσο βαθιά ριζωμένες που ακόμη και σήμερα ο όρος "πουριτανός" είναι συνώνυμος της αγνότητας, της λιτότητας, της σεμνότητας και της στέρησης.

Ο πληθυσμός, ως επί το πλείστον αγροτικός, σύντομα εμπλουτίστηκε από πολλούς μετανάστες. Η πόλη εξαπλώθηκε όλο και περισσότερο, έτσι ώστε γρήγορα σχημάτισε διάφορες κοινότητες: η πόλη Σάλεμ παρέμεινε η κύρια και πιο ευημερούσα- το χωριό Σάλεμ, που ονομαζόταν επίσης Σάλεμ Φαρμς (σήμερα Ντάνβερς), συγκέντρωσε πιο απομονωμένες παραχωρήσεις. Στην τελευταία κοινότητα έλαβαν χώρα τα δραματικά γεγονότα του 1692.

Η ΔΙΚΗ

ΠΑΙΔΙΚΟΙ ΦΟΒΟΙ, ΤΟ ΜΕΓΑΛΥΤΕΡΟ ΟΠΛΟ ΤΟΥ ΣΑΤΑΝΑ

Στο ίδιο το πρεσβυτέριο εκδηλώθηκε για πρώτη φορά το κακό στο Salem Village. Από το 1689, ο χώρος κατοικείται από τον αιδεσιμότατο Samuel Parris (1653-1720), την οικογένειά του και τους υπηρέτες του. Μάλλον πικρόχολος άνθρωπος, ο αιδεσιμότατος Πάρις δεν αποδέχτηκε τις πολλές αποτυχίες του: η φυτεία του καταστράφηκε από τυφώνα στα Μπαρμπάντος (νησί της Καραϊβικής) και η εμπορική του επιχείρηση χρεοκόπησε στη Βοστώνη. Γίνεται ιερέας της θρησκείας με την ελπίδα να αποκομίσει επιτέλους κάποιο κύρος και αναλαμβάνει μια δύσκολη κοινότητα, το χωριό Σάλεμ. Η κοινότητα είναι γεμάτη συγκρούσεις μεταξύ των οικογενειών Putnam και Porter και όλοι είναι καχύποπτοι απέναντι στους ξένους. Οι απογοητευμένες φιλοδοξίες του Parris αντικατοπτρίζονται συχνά στα κηρύγματά του.

Οι χειμώνες στη Μασαχουσέτη είναι σκληροί, και ο χειμώνας του 1691-1692 δεν αποτέλεσε εξαίρεση. Η Elizabeth (Betty) Parris, ηλικίας 9 ετών, και η Abigail Williams, ηλικίας 11 ετών, αντίστοιχα κόρη και ανιψιά του αιδεσιμότατου Parris, περνούσαν τις μεγάλες μέρες τους παρέα με τη σκλάβα της οικογένειας, Tituba. Αυτή η ιθαγενής Αμερικανίδα, την οποία έφερε από την Καραϊβική ο αιδεσιμότατος Πάρις, προσφέρει στην οικογένειά της κάποιο κύρος, καθώς οι σκλάβοι σπανίζουν στο χωριό Σάλεμ. Για να διασκεδάσει τα κορίτσια, η Τιτούμπα τους διηγείται ιστορίες από την παιδική της ηλικία και κάνει μικρά μαγικά κόλπα.

Αν και πρόκειται για ένα παιχνίδι, τα δύο κορίτσια ενοχλούνται επειδή ο αιδεσιμότατος Πάρις εξηγεί συχνά στα κηρύγματά του ότι η μαγεία και η μαντεία είναι κακές τέχνες που ασκούνται από τα τσιράκια του Σατανά. Διχασμένες ανάμεσα στην απόλαυση του απαγορευμένου και την ενοχή, η Μπέτι και η Αμπιγκέιλ βυθίζονται σιγά σιγά στην υστερία. Από τον Ιανουάριο του 1692 και μετά, τα δύο παιδιά άρχισαν να συμπεριφέρονται περίεργα. Σύμφωνα με φήμες, μιλούσαν μια άγνωστη γλώσσα, κούνησαν τα πόδια τους, αρνήθηκαν τις προσευχές και υπέστησαν βίαιους σπασμούς. Αντιμέτωποι με τέτοια συμπτώματα, οι τοπικοί γιατροί δεν ήταν σε θέση να κάνουν διάγνωση. Αλλά μια μέρα, ένας από τους επαγγελματίες, ο William Griggs, έθεσε το ενδεχόμενο ενός σατανικού ξορκιού: "Το χέρι του διαβόλου είναι πάνω τους", είπε (αναφέρεται από το CRETE (Liliane), *Les sorcières de Salem*, Paris, Julliard, 1995, σ. 51). Σταδιακά, άλλα νεαρά κορίτσια της Σάλεμ επηρεάζονται από τα ίδια δεινά. Πρόκειται για την Ann Putnam Jr. και την Elizabeth Hubbard. Γείτονες του πρεσβυτερίου και φίλοι της Betty και της Abigail, παρακολουθούσαν σίγουρα τις μαγικές συνεδρίες που διοργάνωνε η Tituba.

Ο αιδεσιμότατος Πάρις αρνείται να πιστέψει ότι τα κορίτσια είναι μαγεμένα, αλλά οι φήμες για ένα κακό ξόρκι έχουν ήδη εξαπλωθεί στους δρόμους του χωριού Σάλεμ. Τα κορίτσια ανακρίνουν συνεχώς, προκειμένου να ανακαλύψουν ποια μάγισσα κρύβεται πίσω από τη μαγεία τους. Μια μέρα, κατά τη διάρκεια μιας κρίσης, η Μπέτι ψιθυρίζει τελικά το όνομα Τιτούμπα. Πιθανώς επηρεασμένοι από τις υποδείξεις των ερωτώντων, η Αμπιγκέιλ και οι υπόλοιποι έσπασαν τη σιωπή και ομόφωνα κατονόμασαν τον σκλάβο και δύο άλλες βασανίστριες, τη Σάρα Γκουντ (1653-1692) και τη Σάρα Όσμπορν (1643-1692). Τότε υποβλήθηκε μήνυση για μαγεία από αρκετούς κατοίκους του Salem Farms και στις 29 Φεβρουαρίου 1692 εκδόθηκαν από τους δικαστές εντάλματα σύλληψης για τη σύλληψή τους. Την επόμενη ημέρα, οι ύποπτοι ανακρίθηκαν.

Οι τρεις γυναίκες ταιριάζουν στο προφίλ των μαγισσών όπως περιγράφεται στη λαϊκή φαντασία. Η πρώτη, η Τιτούμπα, είναι Ινδή. Από τη γέννησή της, είναι από τη φύση της ανίερη και προορισμένη να υπηρετεί τον διάβολο. Η δεύτερη, η Σάρα Γκουντ, είναι μια ζητιάνα που περιφρονείται από όλο το χωριό Σάλεμ. Επιθετική και βρώμικη, μουρμουρίζοντας συνεχώς ακατανόητες λέξεις, είναι ήδη ύποπτη ότι ξεκίνησε επιδημία στο κοπάδι ενός αγρότη. Όσον αφορά την τρίτη, τη Σάρα Όσμπορν, αν και προέρχεται από ευυπόληπτο περιβάλλον, η συμπεριφορά της έχει περιφρονήσει την πουριτανική ηθική τάξη. Λέγεται ότι η ηλικιωμένη κυρία πήρε έναν εραστή πολύ νεότερό της, πριν τον παντρευτεί όταν έμεινε χήρα. Και, ακόμα χειρότερα, δεν πηγαίνει σχεδόν ποτέ πια στην εκκλησία.

Οι ανακρίσεις διεξήχθησαν από δύο δικαστές της πόλης Σάλεμ, τον John Hathorne (1641-1717) και τον Jonathan Corwin (1640-1718). Οι τελευταίοι ήταν βοηθοί στο Γενικό Δικαστήριο της Μασαχουσέτης και δεν είχαν ασχοληθεί ποτέ με υποθέσεις μαγείας, οι οποίες ήταν αρκετά σπάνιες στη Νέα Αγγλία.

◉ Μαγεια στη Νεα Αγγλια

Οι δίκες στο χωριό Σάλεμ δεν ήταν τα πρώτα γεγονότα που σχετίζονταν με τη μαγεία στη Νέα Αγγλία, αλλά οι αρχές γενικά επέδειξαν μεγάλη αυτοσυγκράτηση στο θέμα, γνωρίζοντας ότι η συκοφαντία ήταν κοινή μεταξύ των γειτόνων. Μεταξύ του 1648 και του 1692, υπήρξαν λιγότερες από εκατό καταδίκες για αυτή την κατηγορία, εκ των οποίων μόνο πέντε βρέθηκαν στη Μασαχουσέτη. Εάν καταδικάζονταν, οι μάγισσες συνήθως κρεμόντουσαν, όπως ήταν το έθιμο στην Αγγλία.

Το σπίτι της συνάντησης, το οποίο ήταν ταυτόχρονα εκκλησία και δημόσιος χώρος συνάντησης, γέμισε ασφυκτικά την 1η^{er} Μαρτίου 1692. Πολλοί από τους κατοίκους ήταν αρκετά επιφυλακτικοί σχετικά με τις κατηγορίες για μαγεία που διατυπώνονταν, αλλά οι δικαστές κατάφεραν να σπείρουν την αμφιβολία στο ακροατήριο με ύπουλες ερωτήσεις. Οι ύποπτοι φαίνεται να δυσκολεύονται να προφέρουν τη λέξη "Θεός" και η σύγχυση δύο από αυτούς εκλαμβάνεται ως ψέμα. Επιπλέον, τα δαιμονισμένα παιδιά στην αίθουσα του δικαστηρίου ουρλιάζουν ότι τα βασανίζουν τα φαντάσματα των τριών γυναικών- συσπώνται, τρίζουν τα δόντια τους και σέρνονται στο πάτωμα, συστρέφοντας τους μυς τους με πόνο.

Παρ' όλα αυτά, αποτελεί έκπληξη όταν η Τιτούμπα, αντί να υπερασπιστεί τον εαυτό της, ομολογεί ευθέως τα εγκλήματά της: "Ο διάβολος ήρθε σε μένα και μου ζήτησε να τον υπηρετήσω", λέει (παρατίθεται στο Crete (Liliane), *Les sorcières de Salem*, Paris, Julliard, 1995, σ. 66). Στη συνέχεια λέει ότι ένας μαυροντυμένος άνδρας της ζήτησε να τον υπηρετήσει για έξι χρόνια με αντάλλαγμα πολλά δώρα. Ο ξένος άνοιξε τότε ένα βιβλίο στο οποίο η Τιτούμπα έκανε ένα σημάδι με το αίμα του. Ο ιθαγενής Αμερικανός σκλάβος ισχυρίζεται ότι υπήρχαν πολλές άλλες υπογραφές στο βιβλίο, μεταξύ των οποίων αυτές της Sarah Good και της Sarah Osborne. Θεωρώντας τα στοιχεία αρκετά επιβαρυντικά, οι δικαστές Hathorne και Corwin στέλνουν τις τρεις γυναίκες στη φυλακή της Βοστώνης. Οι σπόροι της τρέλας έχουν πλέον φυτευτεί στο μυαλό των ανθρώπων. Σύντομα, κάποιοι εικάζουν ότι θα μπορούσε να είναι μια σατανιστική συνωμοσία για την καταστροφή του Σάλεμ, δεδομένου του αριθμού των υπογραφών που η Τιτούμπα λέει ότι περιείχε το μυστηριώδες βιβλίο.

ΤΟ ΜΠΑΛΕΤΟ ΤΩΝ ΚΑΤΗΓΟΡΙΩΝ

Ενώ η Τιτούμπα, η Σάρα Γκουντ και η Σάρα Όσμπορν βρίσκονται έγκλειστες 20 μίλια μακριά από το χωριό Σάλεμ, η κατάσταση των τεσσάρων κοριτσιών δεν βελτιώνεται. Αναμφίβολα βασανισμένοι από τύψεις και φόβο, συνεχίζουν να υποφέρουν από σπασμούς και παραισθήσεις. Ακόμη πιο ανησυχητικό είναι ότι έξι άλλα παιδιά φαίνεται να είναι θύματα δαιμονισμού: η Mary Warren, η Mary Walcott, η Susannah Sheldon, η Mercy Lewis, η Sarah Churchill και η Elizabeth Booth. Το κακό πλήττει επίσης τις ηλικιωμένες γυναίκες: τη Σάρα Μπίμπερ, την κυρία Πόουπ, την κυρία Γκούντολ και την κυρία Πούτμαν. Η τελευταία είναι η μητέρα της Ann Putman Jr. ένα από τα νεαρά κορίτσια που είχε ήδη στην κατοχή του. Χωρίς κληρονομιά και δυσαρεστημένη με τη θέση της, η γυναίκα είναι γεμάτη θυμό και απογοήτευση. Έχοντας εμμονή με την επιθυμία για εκδίκηση, πείθεται ότι η ατυχία της είναι αποτέλεσμα μιας σατανικής συνωμοσίας που μαστίζει το χωριό Σάλεμ. Υπό κανονικές συνθήκες, η δίωξη των μαγισσών θα είχε σταματήσει με τη φυλάκιση των τριών πρώτων υπόπτων, αλλά η αυταπάτη και η δυσαρέσκεια της Ann

Carr Putman οδηγούν τα γεγονότα του χωριού Σάλεμ πολύ παραπέρα.

Κατηγόρησε αρχικά τη Μάρθα Κόρεϊ, τη σύζυγο ενός αγρότη του Σάλεμ, κάτι που επιβεβαίωσαν και άλλες γυναίκες που είχαν καταληφθεί. Ως αξιοσέβαστη και θρησκευόμενη γυναίκα, το προφίλ της Μάρθα Κόρεϊ διαφέρει σημαντικά από αυτό των τριών πρώτων κατηγορουμένων. Ως αποτέλεσμα, τόσο οι δικαστές όσο και οι κάτοικοι της πόλης έχουν σοβαρές αμφιβολίες για την ενοχή της. Αλλά η Μάρθα Κόρεϊ είναι ένας ξεδιάντροπος τύπος και υπερασπίζεται τον εαυτό της αρνούμενη την ύπαρξη των μαγισσών και μη δείχνοντας καμία συμπάθεια για τους πάσχοντες. Ο δικαστής Χάθορν την ανακρίνει μάλλον σκληρά και, αφού συγκεντρώσει αρκετά στοιχεία για να την κρίνει ένοχη, την στέλνει στις φυλακές του Σάλεμ Φαρμς.

Η ανάκριση της Dorcas Good (γεννηθείσα το 1687), κόρης της μάγισσας Sarah Good, συγκλονίζει για άλλη μια φορά τον πληθυσμό. Ήταν ύποπτη για το βασανισμό των πασχόντων, αναλαμβάνοντας από τη μητέρα της το κακό έργο της. Το κοριτσάκι, μόλις πέντε ετών, ισχυρίζεται ότι έλαβε από αυτήν ένα φίδι, ένα οικείο που τρέφεται ρουφώντας το δάχτυλό της. Η κοπέλα έχει δύο μικρά σημάδια στο δάχτυλό της και, αν και θα μπορούσε να πρόκειται για ένα απλό δάγκωμα, τα στοιχεία αυτά είναι αρκετά για τους δικαστές ώστε να την φυλακίσουν.

👁 ΤΟ ΗΞΕΡΕΣ ΑΥΤΟ;

Στη δαιμονολογία, οι οικείοι είναι μικρά ζώα μέσω των οποίων ο διάβολος μεταδίδει δυνάμεις στα θύματά του.

Τότε ήταν η σειρά της Rebbeca Nurse (1621-1692) να βρεθεί στο εδώλιο του κατηγορουμένου. Μια σεβαστή, ευσεβής και φιλανθρωπική γυναίκα, κανείς δεν την έβλεπε ως μάγισσα. Αλλά η ανάκριση της Dorcas Good άφησε το σημάδι της: αν ο διάβολος μπορεί να διαφθείρει ένα πεντάχρονο παιδί, γιατί δεν μπορεί να κερδίσει μια ευσεβή γυναίκα για τον σκοπό του; Σε περίπτωση αμφιβολίας, η νοσοκόμα Ρεμπέκα στέλνεται στη φυλακή.

Οι κατηγορίες διαδέχονταν η μία την άλλη και η υπόθεση πήρε τόσο μεγάλες διαστάσεις που οι ακροάσεις μεταφέρθηκαν στο σπίτι της συνάντησης στην πόλη Σάλεμ, το οποίο μπορούσε να φιλοξενήσει περισσότερα άτομα. Ακόμη και άλλοι δικαστές ήρθαν να υποστηρίξουν τις ανακρίσεις, όπως ο δικαστής Samuel Sewall (1652-1730) και ο αδελφός του Stephen (1657-1725). Ο δικαστής Samuel Sewall, που φημολογείται ως φωτισμένος και καλοπροαίρετος, δεν μπόρεσε να ηρεμήσει την κατάσταση. Οι δαιμονισμένοι συνεχίζουν το μακάβριο παιχνίδι τους, τροφοδοτούμενοι από τις διφορούμενες ερωτήσεις των δικαστών, την πικρία του αιδεσιμότατου Parris και το εμμονικό παραλήρημα της Ann Carr Putman.

Οι μάγισσες δεν ονομάζονταν πλέον μόνο στο Σάλεμ, αλλά και στις γύρω πόλεις και χωριά. Ενώ ορισμένες από τις κατηγορίες φαίνονται προφανείς, όπως αυτή της Bridget Bishop (1632-1692), μιας πανδοχέα που πιθανότατα δολοφόνησε τον σύζυγό της και φημολογείται ότι ασκούσε μαύρη μαγεία, άλλες είναι πιο εκπληκτικές, όπως αυτή της Mary Easty, μιας ευγενικής γειτόνισσας και στυλοβάτη της εκκλησίας. Άλλες είναι ακόμη πιο ευφάνταστες, όπως οι κατηγορίες εναντίον του Φίλιπ Ίνγκλις (γεννημένος το 1651), ενός πολύ πλούσιου εφοπλιστή του Σάλεμ, του ιερέα της θρησκείας Τζορτζ

Μπάροουζ (1652-1692) ή του καπετάνιου Τζον Άλντεν (1626-1702), ήρωα πολλών πολέμων κατά των Ινδιάνων. Το Σάλεμ φαίνεται να έχει τρελαθεί.

ΔΙΚΑΣΤΙΚΕΣ ΑΠΟΦΑΣΕΙΣ ΚΑΙ ΚΑΤΑΔΙΚΕΣ

Στις αρχές του 1692, η πολιτική ζωή στο Σάλεμ ανεστάλη. Η Μασαχουσέτη έπρεπε να διαπραγματευτεί έναν νέο χάρτη με την Αγγλία. Χωρίς νομικές αρχές, τα δικαστήρια της Μασαχουσέτης δεν μπορούσαν να εκδώσουν ετυμηγορίες. Αυτός είναι ο λόγος για τον οποίο οι πρώτες κατηγορούμενες γυναίκες περνούν πολλούς μήνες στις φυλακές του Σάλεμ, της Βοστώνης και της γύρω περιοχής. Οι συνθήκες ήταν φρικτές και η Σάρα Όσμπορν, ηλικιωμένη και εξασθενημένη, πέθανε στο κελί της στις 10 Μαΐου 1692.

Στις 14 Μαΐου, ο νέος κυβερνήτης, Sir William Phips (1651-1695), ο οποίος μόλις είχε φτάσει στη Βοστώνη, ήρθε αντιμέτωπος με μια ανησυχητική πραγματικότητα: η πόλη Σάλεμ φέρεται να μαστίζεται από μεγάλο αριθμό σατανιστικών δαιμονισμών. Προκειμένου να ηρεμήσει την κατάσταση, ίδρυσε δέκα ημέρες αργότερα το *Ειδικό Δικαστήριο Ούιερ και Τέρμινερ* (κυριολεκτικά "δικαστήριο που ακούει και κρίνει"). Εννέα δικαστές διορίστηκαν για να διεξάγουν τις δίκες, μεταξύ των οποίων οι Samuel Sewall, John Hathorne και Jonathan Corwin. Ο William Stoughton (1631-1701), αναπληρωτής κυβερνήτης, έγινε πρόεδρος του δικαστηρίου.

Αδυνατώντας να διακρίνουν τα στοιχεία από τις φήμες, οι δικαστές ζήτησαν συμβουλές από τους ιερείς της θρησκείας της Βοστώνης, ιδίως από τον Cotton Mather (1663-1728), μια διάσημη πουριτανική προσωπικότητα με εκτεταμένες γνώσεις σχετικά με το κυνήγι μαγισσών. Η συζήτηση ήταν έντονη μεταξύ των ιερέων και των δικαστών. Οι πρώτοι υποστήριζαν την προσοχή, παρά τα φλογερά κηρύγματά τους, και θεωρούσαν ότι οι φασματικές αποδείξεις δεν αρκούσαν για να καταδικάσουν μια μάγισσα. Οι ιερείς της θρησκείας ήταν καχύποπτοι απέναντι στις δημόσιες καταγγελίες και επέμεναν στην ανάγκη να αναφέρονται σε απτές αποδείξεις. Για τους δικαστές Stoughton και Hathorne, από την άλλη πλευρά, ο πόνος των πασχόντων είναι επαρκής απόδειξη της ενοχής των υπόπτων.

Η πρώτη που δικάστηκε ήταν η πανδοχέα Bridget Bishop στις 2 Ιουνίου 1692. Η ενοχή της δεν αμφισβητήθηκε και οι ένορκοι την έκριναν ένοχη, παρόλο που η ίδια ισχυριζόταν συνεχώς το αντίθετο. Οι δικαστές την καταδίκασαν σε θάνατο και στις 10 Ιουνίου, η Μπρίτζετ Μπίσοπ απαγχονίστηκε έξω από την πόλη στο Gallow's Hill, το λόφο της αγχόνης.

Δεν καταδικάζονται όλοι οι κατηγορούμενοι με την ίδια ομοφωνία. Η Rebecca Nurse, μια ηλικιωμένη γυναίκα της οποίας οι γείτονες επαινούν την καλοσύνη και την ευσέβειά της, καταφέρνει να κερδίσει την επιείκεια των ενόρκων και να κριθεί αθώα. Όμως η ετυμηγορία πυροδοτεί μια βροντερή κατακραυγή και οι θιγόμενες γυναίκες παθαίνουν σπασμούς. Τα άκρα τους στρίμωξαν, απαίτησαν το θάνατο της Rebecca Nurse. Ο δικαστής ζήτησε στη συνέχεια την αναθεώρηση της ετυμηγορίας ώστε να σταματήσει το μαρτύριο των θυμάτων. Μεταφέρθηκε στο Gallow's Hill στις 19 Ιουλίου, μαζί με άλλους τέσσερις, μεταξύ των οποίων και η Sarah Good, για να απαγχονιστεί.

Η θανατική καταδίκη μιας γυναίκας όπως η Ρεμπέκα Νοσοκόμα προκαλεί πανικό. Αν ένας τέτοιος ενάρετος επαγγελματίας κρεμαστεί, κανείς δεν είναι ασφαλής. Ορισμένες οικογένειες αποφασίζουν να εγκαταλείψουν το Σάλεμ πριν η κατάσταση χειροτερέψει ακόμη περισσότερο. Άλλοι κάτοικοι επίσης φεύγουν αφού τους υποδείξουν οι πάσχοντες, φοβούμενοι να αντιμετωπίσουν τις ερωτήσεις των δικαστών. Οι πλουσιότεροι συνήθως καταφέρνουν να ξεφύγουν από τη δικαιοδοσία καταφεύγοντας σε πόλεις όπως η Νέα Υόρκη. Ωστόσο, οι φυγάδες κυνηγήθηκαν και μερικές φορές πιάστηκαν από τις αρχές. Επιπλέον, αρκετοί από τους φυλακισμένους, μεταξύ των οποίων ο πλούσιος εφοπλιστής Φίλιπ Ίνγκλις και ο καπετάνιος Τζον Άλντεν, κατάφεραν να αποδράσουν από τη φυλακή.

Οι δοκιμές συνεχίζονται. Πέντε άτομα απαγχονίζονται τον Αύγουστο και άλλα οκτώ τον Σεπτέμβριο. Όμως, οι δικαστικές αποφάσεις απέχουν πολύ από το να συμβαδίζουν με τον ξέφρενο ρυθμό των κατηγοριών: τα παιδιά καταγγέλλουν τους γονείς τους, οι σύζυγοι είναι όλο και πιο καχύποπτοι απέναντι στις γυναίκες τους, οι φτωχοί εκδικούνται τους ισχυρούς. Συνολικά, περισσότερα από 150 άτομα φυλακίστηκαν για μαγεία. Εκτός από τους δεκαεννέα απαγχονισμούς, επτά άνθρωποι πέθαναν κατά τη διάρκεια της κράτησης. Τέλος, ένας ηλικιωμένος άνδρας ονόματι Giles Corey (1611-1692) καταδικάστηκε σε βασανιστήρια επειδή αρνήθηκε να καταθέσει στη δίκη της συζύγου του Μάρθας. Οι πέτρες συνέθλιψαν τον θώρακά του και πέθανε για τρεις ημέρες. Ο θάνατός του ανεβάζει τον συνολικό αριθμό των θυμάτων αυτών των δικών μαγισσών σε 27.

ΕΠΙΠΤΩΣΕΙΣ

Η ΠΤΩΣΗ ΤΟΥ ΣΑΛΕΜ ΚΑΙ ΟΙ ΠΟΥΡΙΤΑΝΟΙ

Μέχρι το τέλος του καλοκαιριού του 1692, οι πουριτανοί ιερείς αντιδρούσαν όλο και περισσότερο στις μεθόδους που χρησιμοποιούσαν οι δικαστές και ήθελαν περισσότερα από φασματικά στοιχεία για να καταδικάσουν τους κατηγορούμενους. Ενώ κατάφεραν να συσπειρώσουν το εκκλησίασμά τους σε αυτή την άποψη, οι δίκες των μαγισσών έχασαν σταδιακά την υποστήριξη του κοινού. Η κρίση των πασχόντων αμφισβητήθηκε και, καθώς ήταν λιγότερο περιζήτητοι, οι υστερικές κρίσεις τους γίνονταν λιγότερο συχνές. Σταδιακά, ο πληθυσμός άρχισε να αμφιβάλλει για την αλήθεια των γεγονότων και φοβήθηκε ότι αθώοι άνθρωποι είχαν καταδικαστεί άδικα.

Συμφωνώντας με όλους τους υπόλοιπους, ο κυβερνήτης William Phips διέλυσε το *Ειδικό Δικαστήριο του Oyer and Terminer* τον Οκτώβριο και δήλωσε ότι τα φασματικά αποδεικτικά στοιχεία δεν ήταν πλέον αποδεκτά. Πολλοί κρατούμενοι απελευθερώθηκαν και όλο και λιγότερες δίκες πραγματοποιήθηκαν. Οι τελευταίοι θανατοποινίτες έλαβαν τελικά χάρη από τον κυβερνήτη, ο οποίος κήρυξε γενική αμνηστία. Αυτό δεν σήμαινε, ωστόσο, ότι όλοι οι ύποπτοι αφέθηκαν ελεύθεροι. Πράγματι, τα τέλη της φυλακής έπρεπε να καταβληθούν πριν ανοίξουν τα κελιά και πολλοί δεν είχαν την οικονομική δυνατότητα να το κάνουν. Ο αιδεσιμότατος Πάρις, για παράδειγμα, αρνήθηκε να πληρώσει για την απελευθέρωση της Τιτούμπα, την οποία θεωρούσε υπεύθυνη για όλα αυτά τα γεγονότα.

Ενώ ο Increase Mather (1639-1723), πρόεδρος του Χάρβαρντ και σεβαστός πουριτανός, έγραψε ένα διάσημο κήρυγμα: "Είναι καλύτερα να αφήσουμε δέκα υποτιθέμενες μάγισσες να ξεφύγουν παρά να καταδικάσουμε ένα αθώο άτομο" (αναφέρεται στο CRETE (Liliane), *Les sorcières de Salem*, Paris, Julliard, 1995, σ. 280), ο γιος του, Cotton Mather, επέλεξε να συνεχίσει τον αγώνα κατά του Σατανά. Πράγματι, αν και πάντα υποστήριζε τη μετριοπάθεια στις δίκες του Σάλεμ, ποτέ δεν αμφισβήτησε την ύπαρξη του διαβόλου. Στα γραπτά του για τον σατανισμό, υπερασπίστηκε τους δικαστές του *δικαστηρίου*, αλλά η εμμονή του τελικά κατέστρεψε τη φήμη του.

Για δύο αιώνες, οι Πουριτανοί θεωρούνταν οι κύριοι υπεύθυνοι για τις τραγωδίες που έλαβαν χώρα στο Σάλεμ και η επιρροή τους συνέχισε να μειώνεται. Σε έναν αγγλοσαξονικό κόσμο που επέμενε στην αυτοσυγκράτηση στις δίκες μαγείας, οι Πουριτανοί κατηγορήθηκαν ότι φούντωναν τα πάθη με τη ρητορική τους. Τα γραπτά του Cotton Mather έπαιξαν σημαντικό ρόλο στη διαμόρφωση αυτής της κατηγορίας. Ωστόσο, υπεύθυνοι ήταν οι δικαστές, οι οποίοι επέδειξαν ιδιαίτερο ζήλο στην καταδίωξη των μαγισσών του Σάλεμ.

Οι συνέπειες δεν ήταν μόνο ψυχολογικές. Το 1692 η μέχρι πρότινος ευημερούσα πόλη υπέστη σοβαρή οικονομική καταστροφή. Πολλοί χωρικοί εγκατέλειψαν τις δουλειές τους για να παρακολουθήσουν τις δίκες, ενώ άλλοι εγκατέλειψαν την περιοχή από φόβο μήπως διωχθούν, με αποτέλεσμα η παραγωγή να μειωθεί απότομα.

ΤΑ ΑΙΤΙΑ ΤΗΣ ΜΑΖΙΚΗΣ ΥΣΤΕΡΙΑΣ

Πολλοί ερευνητές έχουν προσπαθήσει να κατανοήσουν τους λόγους για τους οποίους μια κοινότητα όπως το Σάλεμ οργίασε τόσο πολύ για να κυνηγήσει τις μάγισσες. Το γεγονός μπορεί να φαίνεται ασήμαντο σε σύγκριση με τους μεγάλους ευρωπαϊκούς διωγμούς, οι οποίοι ήταν πολύ πιο βίαιοι και θεαματικοί, αλλά στον αγγλοσαξονικό κόσμο, ο οποίος είναι συνήθως τόσο μετριοπαθής στην περίπτωση των δικών μαγισσών, τα γεγονότα παραμένουν εξαιρετικά.

Σε αυτή την περίπτωση, οι κατήγοροι θεωρούνται από ορισμένους ως παιδιά με υπερβολική δύναμη. Με τον τρόπο ενός παιχνιδιού, θα έδειχναν αυτούς που ήθελαν να εξαφανίσουν. Αλλά η Betty Parris, η Abigail Williams, η Mercy Thompson και οι άλλες είναι πραγματικά άρρωστες. Υποφέροντας από ψυχολογικές διαταραχές, αυτά τα κορίτσια είναι πιθανώς καλόπιστα, αλλά η ασθένεια που τα διακατέχει θα διαγνωστεί σωστά μόνο στον xx^e αιώνα από τη σύγχρονη ιατρική. Στην πραγματικότητα επρόκειτο για περιπτώσεις υστερίας, μιας νεύρωσης που προκαλεί ανεξέλεγκτες συναισθηματικές κρίσεις. Η ασθένεια αυτή ευνοείται ιδιαίτερα από ορισμένες φοβίες ή ένα αγχωτικό περιβάλλον.

Το συνεχές κλίμα ανησυχίας που επικρατούσε στο Σάλεμ διαδραμάτισε επομένως πιθανότατα σημαντικό ρόλο στο γεγονός. Την εποχή του γεγονότος, οι Βρετανοί μόλις είχαν βγει από μια μεγάλη σύγκρουση με τη Γαλλία, ενώ το Σάλεμ είχε γνωρίσει μια μεγάλη επιδημία ευλογιάς λίγο καιρό πριν, και πολλές αψιμαχίες με ινδιάνικες φυλές λάμβαναν συνεχώς χώρα. Καθώς όλο και περισσότεροι ξένοι προσελκύονταν από το κύρος της πόλης, οι Πουριτανοί φοβήθηκαν ότι δεν θα διατηρούσαν τα προνόμιά τους. Τελικά, η τύχη της αποικίας ήταν αμφίβολη, καθώς στις αρχές του 1692 γίνονταν διαπραγματεύσεις με το αγγλικό στέμμα για έναν νέο χάρτη. Όλα αυτά τα στοιχεία συνέβαλαν στο συνεχή φόβο, την ένταση και τη δυσπιστία, δημιουργώντας ένα πλαίσιο μαζικής υστερίας.

Τέλος, υπάρχει μια αρκετά διαδεδομένη θεωρία ότι τα γεγονότα προκλήθηκαν από μόλυνση από ερύθημα. Αυτός ο μύκητας, ο οποίος αναπτύσσεται στα δημητριακά (ιδίως στη σίκαλη), περιέχει μια ουσία που προέρχεται από το LSD, η οποία έχει την ιδιότητα να προκαλεί παραισθήσεις.

ΟΤΑΝ ΟΙ ΔΗΜΙΟΙ ΖΗΤΟΥΝ ΣΥΓΧΩΡΕΣΗ

Για 20 χρόνια, οι υπεύθυνοι για τα γεγονότα θα ζητούν συγχώρεση για να εξιλεωθούν για τις αμαρτίες τους. Ο δικαστής Samuel Sewall ζήτησε μάλιστα προσωπικά συγγνώμη για την εμπλοκή του στα γεγονότα. Σύντομα το Δικαστήριο της Μασαχουσέτης κήρυξε τις δίκες μαγισσών παράνομες, όπως και ολόκληρη η Νέα Αγγλία: οι αμερικανικές αρχές δεν καταδίκασαν πλέον καμία μάγισσα. Επιπλέον, ένας νόμος της Εταιρείας του Κόλπου της Μασαχουσέτης, με ημερομηνία 1711, προσέφερε οικονομική αποζημίωση στους κληρονόμους των θυμάτων.

Αλλά η ζημιά που προκλήθηκε στην κοινότητα του Σάλεμ δεν μπορεί να σβηστεί με λόγια και χρήματα. Τα γεγονότα του 1692 παραμένουν ένα επώδυνο επεισόδιο στην αμερικανική αποικιακή ιστορία, που έχει αφήσει μια μόνιμη εντύπωση στο μυαλό των ανθρώπων.

ΣΥΝΟΠΤΙΚΑ

- Κατά τη διάρκεια του 18ΟΥ ΑΙΩΝΑᵉ Η Αγγλία ξεκίνησε να κατακτήσει την Αμερική, ιδρύοντας 13 αποικίες κατά μήκος της ανατολικής ακτής. Το Σάλεμ, μια ευημερούσα πουριτανική πόλη, ιδρύθηκε το 1628 στη Μασαχουσέτη. Ωστόσο, η ζωή ήταν σκληρή λόγω της εχθρότητας των Ινδιάνων και των πολέμων κατά των Γάλλων.

- Κατά τη διάρκεια του χειμώνα του 1691-1692, η κόρη και η ανιψιά του αιδεσιμότατου Πάρις περνούν τις μέρες τους με τη σκλάβα της οικογένειας, την Τιτούμπα, η οποία τους διδάσκει μαγικά κόλπα και μαντεία. Νιώθοντας ενοχές γι' αυτές τις βιβλικά απαγορευμένες πρακτικές, παθαίνουν υστερικές κρίσεις που υποδηλώνουν ότι έχουν καταληφθεί από δαίμονες.

- Σύντομα, και άλλα κορίτσια στο χωριό Σάλεμ παθαίνουν τις ίδιες ασθένειες. Τα θλιμμένα κορίτσια κατονομάζουν τελικά τους υποτιθέμενους βασανιστές τους: τη σκλάβα Τιτούμπα, τη ζητιάνα Σάρα Γκουντ και την ανήθικη Σάρα Όσμπορν. Και οι τρεις ταιριάζουν στο τυπικό προφίλ μιας μάγισσας.

- Προς έκπληξη όλων, όταν η Τιτούμπα ανακρίνεται από δύο δικαστές, ομολογεί ευθέως ότι έχει συνάψει συμφωνία με τον διάβολο. Ισχυρίζεται επίσης ότι υπάρχουν πολλές άλλες μάγισσες στο Σάλεμ, γεγονός που προκαλεί πανικό στην πόλη.

- Νέα θύματα εμφανίζονται και με τη σειρά τους υποδεικνύουν άλλες υποτιθέμενες μάγισσες. Οι κατηγορίες οδηγούν σε περισσότερες κατηγορίες και κανείς δεν είναι ασφαλής από τη δίκη. Ακόμα και η ελίτ, όπως οι ιερείς της θρησκείας, οι πλούσιοι έμποροι και οι ήρωες πολέμου, δικάστηκαν για σατανιστικές πρακτικές. Περισσότερα από 150 άτομα είναι φυλακισμένα και οι φυλακές είναι γεμάτες μάγισσες.

- Τον Μάιο του 1692, ο νέος κυβερνήτης Γουίλιαμ Φιπς δημιούργησε ένα *ειδικό δικαστήριο για την* αντιμετώπιση της μαγείας. Οι δικαστές οδήγησαν 19 άτομα στην αγχόνη, παρά τις προσπάθειες των πουριτανών ιερέων να τους κατευνάσουν.

- Μετά την αντίδραση του κλήρου και μιας αυξανόμενης μερίδας της κοινής γνώμης, το *Δικαστήριο των δικαστών και των δικαστικών λειτουργών* διαλύθηκε τον Οκτώβριο του 1692. Οι τελευταίοι κατάδικοι έλαβαν χάρη και οι φυλακισμένοι για μαγεία έλαβαν αμνηστία.

- Οι αρχές της Μασαχουσέτης πέρασαν τα επόμενα 20 χρόνια κάνοντας μετάνοιες για τους αθώους που στάλθηκαν στην αγχόνη. Ορισμένοι δικαστές ζήτησαν δημόσια συγγνώμη και καταβλήθηκε αποζημίωση στις οικογένειες των θυμάτων. Αλλά η ζημιά είχε γίνει, και το τραγικό επεισόδιο θα άφηνε το σημάδι του στη λαϊκή φαντασία για αιώνες.

ΓΙΑ ΝΑ ΠΡΟΧΩΡΗΣΕΤΕ ΠΕΡΑΙΤΕΡΩ

ΒΙΒΛΙΟΓΡΑΦΙΚΕΣ ΠΗΓΕΣ

BECHTEL (Guy), *La sorcière et l'Occident*, Paris, Plon, 1997.

BERNAND (Carmen) και Gruzinski (Serge), *Histoire du nouveau monde*, Παρίσι, Fayard, 1991-1993.

CRETE (Liliane), *Les sorcières de Salem*, Παρίσι, Julliard, 1995.

GRAGG (Larry), *The Salem Witch Crisis*, Νέα Υόρκη, Praeger, 1992.

LACROIX (Jean-Michel), *Histoire des États-Unis*, Παρίσι, PUF, 2006.

L'atlas des religions, Παρίσι, Le Monde και εκδόσεις Malesherbes, 2015.

MORGAN (Edmund S.), *The Puritan Family: Religion and Domestic Relations in Seventeenth-Century New England*, New York, Harper and Row, 1966.

MUCHEMBLED (Robert), *Une histoire du diable (XIIe – XXe siècle)*, Paris, Seuil, 2002.

PALOU (Jean), *La sorcellerie*, Παρίσι, PUF, 1992.

WAYNE (Andrews), *Concise Dictionary of American History*, Λονδίνο, Oxford University Press, 1967.

ΠΡΟΣΘΕΤΕΣ ΠΗΓΕΣ

ARONSON (Marc), *Witch-Hunt: Mysteries of the Salem Witch Trials*, Νέα Υόρκη, Simon and Schuster, 2003.

CARO BAROJA (Julio), *Les sorcières et leur monde*, Παρίσι, Gallimard, 1972.

Ginzburg (Carlo), *Le sabbat des sorcières*, Παρίσι, Gallimard, 1992.

HILL (Frances), *A Delusion of Satan: The Full Story of the Salem Witch Trials*, Boston, Da Capo Press, 2002.

MILLER (Arthur), *Οι μάγισσες του Σάλεμ*, Παρίσι, Robert Laffont, 1961.

MUCHEMBLED (Robert), *La sorcière au village (XVe – XVIIIe siècle)*, Paris, Gallimard, 1979.

ROACH (Marilynne K.), *The Salem Witch Trials, a Day-By-Day Chronicle of a Community Under Siege*, Lanham, Taylor Trade Publishing, 2004.

ΕΙΚΟΝΟΓΡΑΦΙΚΕΣ ΠΗΓΕΣ

Σχέδιο που δείχνει τη Martha Corey στο κελί της. Η αναπαραγόμενη φωτογραφία θεωρείται ότι δεν υπόκειται σε πνευματικά δικαιώματα.

Χαρακτική της δίκης του Σάλεμ. Η αναπαραγόμενη φωτογραφία θεωρείται ότι δεν υπόκειται σε πνευματικά δικαιώματα.

ΝΤΟΚΙΜΑΝΤΕΡ ΚΑΙ ΠΟΡΟΙ

Δοκιμές μαγισσών του Σάλεμ, http://salem.lib.virginia.edu/home.html. Ιστοσελίδα που συγκεντρώνει πολλαπλές πηγές για τις δίκες του Σάλεμ (αρχεία, άρθρα, βιογραφίες, χάρτες κ.λπ.).

Bewitched, ντοκιμαντέρ του Mark Lewis, Ηνωμένο Βασίλειο, 2002.

ΜΟΥΣΕΙΑ ΚΑΙ ΜΝΗΜΕΙΑ

Salem Witch Museum, Washington Square North, Σάλεμ, ΗΠΑ.

Το σπίτι των μαγισσών, το σπίτι του δικαστή Τζόναθαν Κόργουιν, στο Σάλεμ.

Το μνημείο για τα θύματα της μαγείας στο Salem Village, Danvers (ΗΠΑ).

IMPROVE YOUR GENERAL KNOWLEDGE
IN THE BLINK OF AN EYE!

www.50minutes.com

Ο εκδότης διασφαλίζει την αξιοπιστία των πληροφοριών που δημοσιεύονται, η οποία όμως δεν μπορεί να αποτελέσει ευθύνη του.

Κύριο ISBN: 9782808664288
ISBN: 9782808671705
Νόμιμη κατάθεση: D/2023/12603/492

Ψηφιακός σχεδιασμός: Primento,
ο ψηφιακός συνεργάτης των εκδοτών.